民國時期文獻
保護計劃

成 果

上海师范大学图书馆
民国文献珍本图录

上海师范大学图书馆　编

國家圖書館出版社

图书在版编目（CIP）数据

上海师范大学图书馆民国文献珍本图录/上海师范大学图书馆编 . — 北京：
国家图书馆出版社，2016.11

ISBN 978-7-5013-5960-8

Ⅰ.①上…　Ⅱ.①上…　Ⅲ.①社会科学—文献—图书目录—中国—民国
②自然科学—文献—图书目录—中国—民国　Ⅳ.① Z822.6

中国版本图书馆 CIP 数据核字（2016）第 242389 号

书　　名　上海师范大学图书馆民国文献珍本图录
著　　者　上海师范大学图书馆　编
责任编辑　王亚宏
封面设计　王燕来

出　　版　国家图书馆出版社（100034　北京市西城区文津街 7 号）
　　　　　　（原书目文献出版社　北京图书馆出版社）
发　　行　010–66114536　66126153　66151313　66175620
　　　　　　66121706（传真）　66126156（门市部）
E-mail　　nlcpress@nlc.cn（邮购）
Website　　www.nlcpress.com→投稿中心
经　　销　新华书店
印　　刷　北京金康利印刷有限公司
版　　次　2016 年 11 月第 1 版　2016 年 11 月第 1 次印刷

开　　本　889×1194（毫米）1/16
字　　数　243 千字
印　　张　23.5

书　　号　ISBN 978-7-5013-5960-8
定　　价　360.00 元

编辑委员会

民国时期文献是上海师范大学图书馆的馆藏重点之一。虽然民国这个时代离我们并不遥远，我们保存的民国时期文献也不算很多，但是我们依然觉得，这些文献弥足珍贵，因为它们保存着那个年代中国学者们思想的辉光。

民国时期是中国历史上一个动荡的时期，内忧外患不断。在这个艰难的年代里，一批真正的学者，为了探索真理，为了开创新的科学时代，进行了不懈的奋斗。他们的努力，相当一部分都以图书、报刊的形式保存下来。这是我们应该特别珍惜的。

民国时期文献，虽然距离我们时代不远，但是由于当时纸张和印刷技术的局限，它们的保存，并不容易。我馆为此专门成立了近代文献研究中心，由专人进行民国文献的收集、保存和修复。

作为一个师范大学的图书馆，我馆特别注重民国时期教材的搜集和收藏。我们希望那个新旧交替时代的人们在教育领域的探索，能够很好地保存下来，为今天教育事业的发展提供有益的启迪。

保存是我们的责任，流传和用心研究更是我们的责任。把优秀的文化传递下去，把优秀的思想成果传递下去，是我们图书馆人的神圣使命。因此，我们愿意把手中的吉光片羽贡献给大家。希望这本小小的图录对读者们能有一点作用，这是我们出版这本小书的真诚愿望。

上海师范大学图书馆馆长　刘民钢

2016 年 10 月

一、本图录所收录上海师范大学图书馆藏民国文献，均指民国时期的原始文献，不包括 1949 年以后的重印本和影印本。

二、本图录按类编排，分为哲学宗教、政治法律、经济、教育、教材、语言、文学、艺术、历史、地理、自然科学及其他 12 个大类。大类下，大致按照类目前民国时期文献出版概述所述及之文献内容各分小类编排。各大类图书在前，期刊在后。

三、每个类目前均有民国时期文献出版概述及馆藏概况介绍，作为馆藏珍本文献选录的依据。

四、图书主要选录民国时期各学科有影响的代表作、名人著述等，首选初版、珍稀版本，无初版则选用早期版本；教材的选录综合考察其代表性、体系完整性以及是否为送审本、审批批注本等因素；期刊则以收藏的完整性作为主要标准，兼及刊物的影响力、重要性及馆藏特色等因素。

五、每种文献配置多幅书影，首选封面或扉页、版权页，酌选目录、正文或插图。

六、文献介绍一般包括题名、编著者和本馆所藏版本的出版地、出版者、出版时间、版次等方面，以及书刊内容提要、价值等内容。

七、民国时期的一些报刊创刊于晚清，某些学科研究也发端于清末，为揭示民国期刊的源流以及教材等的发展轨迹，并兼顾学科发展的延续性，本图录收录少量清末期刊、图书及教材。

八、为方便读者使用，每种文献均进行编号，如《新原人》，其编号为"01—07"，"01"代表本书的第一章，"07"代表本文献在本章中的编号。

九、为便于读者利用，书末附《书名索引》和《人物及机构名称索引》，按汉语拼音排序，与文献编号对应，凡文献介绍中出现的书名、人名和机构名称，均可检索。

十、文中涉及的非公元纪年，均换算为公元纪年，用阿拉伯数字表示。

目 录

一 哲学、宗教文献

二 政治、法律文献

三 经济文献

四　教育文献

五 教材

六 语言文献

七　文学文献

八　艺术文献

九　历史文献

十　地理文献

十一　自然科学文献

十二　其他文献

一　哲学、宗教文献

民国时期是我国哲学、宗教发展的一个活跃时期。从《民国时期总书目》收录的图书情况看，民国时期出版的哲学、宗教类图书共计 8000 余种，其中哲学著作 3000 余种、心理学著作近 400 种、宗教学图书 4600 余种。

民国时期出版的 3000 余种哲学著作，涵盖了中国哲学、外国哲学、逻辑学、美学、伦理学等方面，其中以中国哲学成果最多，出版图书 1000 余种。1919 年出版的胡适《中国哲学史大纲》是中国近代第一部系统应用现代学术观点和方法写成的中国古代哲学史著作，在中国哲学史，乃至在各种专史和通史的研究方面，都堪称一部具有开创意义的专著，是五四运动的一个积极成果。1931 年神州国光社出版了冯友兰的《中国哲学史》，开创了独立的中国哲学史学科，奠定了现代中国哲学史学科的基本框架，是现代中国影响最大的哲学史名著。1933 年冯友兰的《中国哲学小史》出版，为中国哲学史奠定了基础框架，指明了方向。1939 年后冯友兰的《新理学》《新事论》《新世训》《新原人》《新原道》《新知言》等著作陆续出版。它们把程朱理学与西方新实在论相结合，构成富于思辨的哲学体系，已成为 20 世纪中国学术的经典之作，对中国现当代学界乃至国外学界影响深远。1936 年出版的金岳霖的《逻辑》一书，不仅第一次系统地将西方的数理逻辑介绍到中国，其提出的带有创见性的思想，对逻辑学的发展也起到了推动作用。中国早期从事数理逻辑研究的学者都不同程度地受到了这本书的影响。1947 年出版的李相显的《朱子哲学》是民国时期以朱子学为研究对象的最大部头的学术著作，全面阐述了朱熹哲学的诸多概念和思想，并按照一定的逻辑框架进行归类和编排，探讨了宏大的朱熹哲学体系。胡适、冯友兰、金岳霖、李相显都是中国近现代哲学发展史上非常重要的哲学家，他们的著作直接反映了民国时期哲学研究的基本状况。

民国时期的纯哲学期刊并不多，主要有《哲学月刊》《哲学评论》《哲学》等。1926年创刊的《哲学月刊》研究古今中外哲学思想与哲学史，并设有中国哲学问答笔记、讲演、新刊介绍、哲学界消息等专栏。1927 年创刊的《哲学评论》对西方哲学史上的重要思想初次进行了系统而专门的评述，并介绍了诸多近现代西方哲学思潮。当时学者曾认为：此刊创刊后，中国才开始有专门性质的哲学刊物，它给近现代许多中国人以思想启迪和哲学启蒙。1940 年创刊的《哲学》为纯哲学研究月刊。另外，1932 年创刊的《哲学与教育》主要刊登关于哲学与教育的专题研究。

民国时期的心理学研究得到了一定的发展，但是举步维艰，发展缓慢，出版成果近

400 种，涵盖了实验心理学、人类心理学、比较心理学等内容，还引进了行为心理学、格式塔心理学等派系。1923 年出版的郭任远的《人类的行为》，系统阐述行为主义观点，是中国学者早期自编的一部行为主义心理学专著，具有一定的国际影响。陆志韦作为现代心理学的开创者和奠基人之一，其 1924 年出版的《订正比内——西蒙测验说明书》《社会心理学新论》等著作提出了很多新见解，受到中外心理学界的重视，其中《社会心理学新论》是我国第一部社会心理学著作。1926 年出版的译著《教育心理学概论》（原作者美国心理学家 E．L．桑代克），第一次向我国读者介绍了巴甫洛夫学说和西方心理学各个流派的理论和方法。在教育心理学领域，1924 年廖世承的《教育心理学》问世，这是我国第一部教育心理学著作。

民国期间，一些心理学专业报刊也创办起来，1922 年我国第一份心理学期刊——《心理》创刊，作者多为当时国内著名大学的心理学教授。1934 年《心理半年刊》以及中央大学教育实验所编辑的《心理教育实验专篇》创刊，刊有萧孝嵘《知觉单元成形之条件》、艾伟《中学文白测验结果之比较研究》等重要研究文章。1936 年国立清华大学心理学系和北平燕京大学心理学系发起创办学术性刊物《中国心理学报》。

民国时期的宗教学蓬勃发展，出版图书 4600 多种，涵盖佛教、道教、基督教、伊斯兰教等各个宗教派别，其中佛教研究成果最多，通史之作盛行。1931 年出版的蒋维乔的《中国佛教史》是中国近代第一部佛教通史著作。1935 年出版的蒋维乔的《佛学纲要》是中国近代第一部白话本佛教知识著作。1940 年黄忏华所著的《中国佛教史》一书为现代中国人撰写的第一部系统的中国（汉传）佛教通史。通史之外，还有一些有影响力的成果：1929 年蒋维乔的《佛教概论》出版，该书是当时国内比较早的全面介绍佛教理论的著作，对佛教知识的普及和近代佛教的复兴，特别是居士佛教的复兴起了重要的推动作用；1924 年梁启超的"《大乘起信论》为中国人所撰述"之说，在国内轰动一时；1936 年梁启超的《佛学研究十八篇》出版，它从史学的角度开展佛学研究。此外还有关于印度佛教的研究成果，主要有梁启超 1920 年出版的《印度佛教之概观》和 1925 年出版的《佛陀时代及原始佛教教理纲要》（原题《印度之佛教》）等。

民国时期宗教报刊的创办也不少见。其中，非常显著的就是佛教期刊。据《民国佛教期刊文献集成》与《民国佛教期刊文献集成·补编》，以及《稀见民国佛教文献汇编（报纸）》三套丛书收集统计，民国时期出版佛教期刊数量达 230 余种。近代中国最早的佛教刊物《佛教丛报》，刊发许多著名高僧和学者的文章，学术性较强。创刊时间最长的《觉社丛书》（后更名《海潮音》），至今仍在香港发行。它由中国近现代思想史上的重要人物、中国近代佛学集大成者太虚法师创办，比较完整地反映了 20 世纪上半叶中国佛教的改革历程和发展状况，是民国时期历时最长、影响最大、学术价值最高的佛教杂志。南京内学院创办的纯佛教杂志《内学》和《杂刊》，所刊文章多为欧阳渐、吕微、汤用彤、王恩洋、蒙文通等知名学者所撰，学术性极为突出，对后世影响颇深。近世佛教界创办的最有影响的报纸之一《佛教日报》，于 1935 年创刊，由范古农居士在上海创办。

馆藏文献概况

上海师范大学图书馆藏有民国时期哲学、宗教类文献约 1500 种，其中多有影响力较大的文献之初版，如《新理学》《新世训》《中国哲学小史》《新原道》《人类的行为》等，这些初版文献非常珍贵。另外，还有影响力大、学术价值高的文献，如冯友兰的《新事论》和《新原人》、金岳霖的《逻辑》、胡适的《中国哲学史大纲》、陆志韦的《社会心理学新论》、梁启超的《佛学研究十八篇》等。

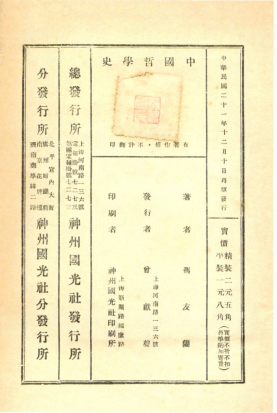

中國哲學史

中華民國二十一年十二月十日再版發行

著　者　馮友蘭

發行者　神州國光社發行所
　　　　上海河南路一三六號

印刷者　曾　顯　聲
　　　　上海新開路福康路
　　　　神州國光社印刷所

總發行所　神州國光社發行所
　　　　　上海河南路一三六號
　　　　　無線電報掛號七二七三

分發行所　神州國光社分發行所
　　　　　北平　宜內大街
　　　　　廣州　財廳前街
　　　　　濟南　商埠緯二路樓前

有著作權·不許翻印

實價
精裝二元五角
平裝一元八角
（實價不折不扣
外埠酌加寄費）

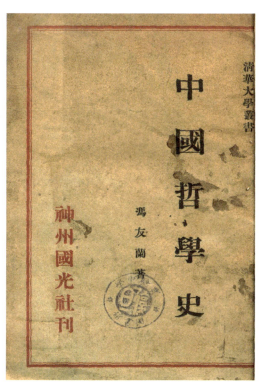

清華大學叢書

中國哲學史

馮友蘭著

神州國光社刊

《中国哲学史》，冯友兰著，上海：神州国光社，1932年12月再版，《清华大学丛书》

　　作为冯友兰的第一部具有现代意义的中国哲学史著作，本书开创了独立的中国哲学史学科，奠定了现代中国哲学史学科的基本框架，是现代中国影响最大的中国哲学史著作。

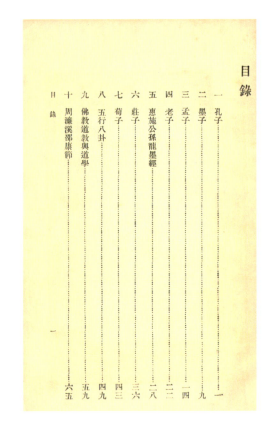

目錄

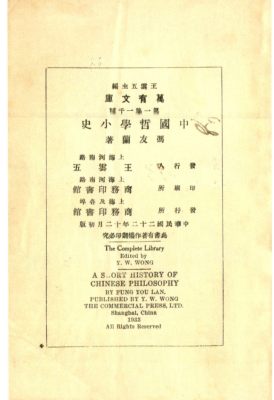

《中国哲学小史》，冯友兰著，上海：商务印书馆，1933 年 12 月初版，《万有文库》

本书从形而上学、人生哲学和方法论三个角度切入，系统研究了孔子、墨子、孟子、老子、庄子、荀子等先秦诸子，以及周敦颐、张载、二程、朱熹、王阳明等宋明道学家的哲学思想。本书为中国哲学史研究奠定了基础框架。

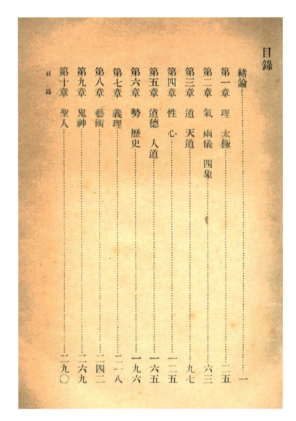

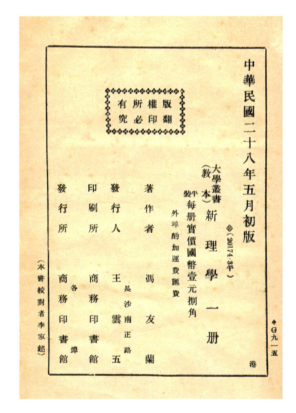

《新理学》，冯友兰著，长沙：商务印书馆，1939年5月初版，《大学丛书》

本书在概念上对宋明理学既有直接继承，也有采用名称而改变用法，更有作者的创造。其中四组命题反映了作者的本体论思想，体现了他对宋明理学的发展。本书在1941年举行的首次全国学术著作评奖中获文科一等奖。

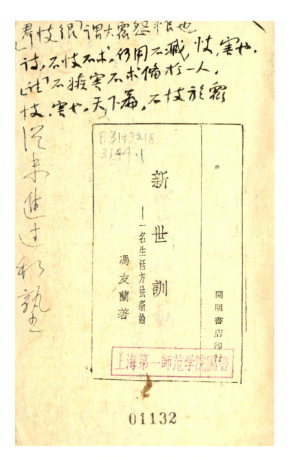

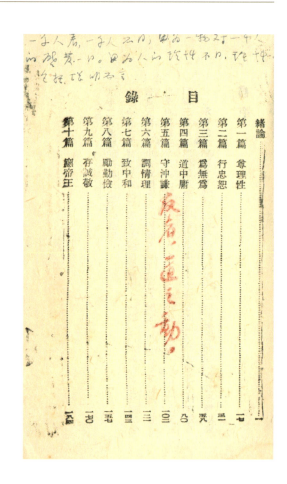

《新世训》，冯友兰著，成都：开明书店，1943 年 3 月第一版

本书是冯友兰先生所著的"贞元六书"中最贴近人伦日用的一部著作，又名《生活方法新论》，重在引导青年塑造道德人格。它以通俗的语言讲解了何谓成功的人生，及如何从日常行事入手实现人生的成功。

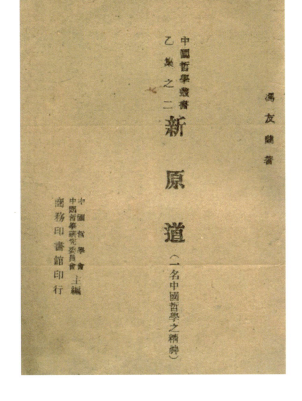

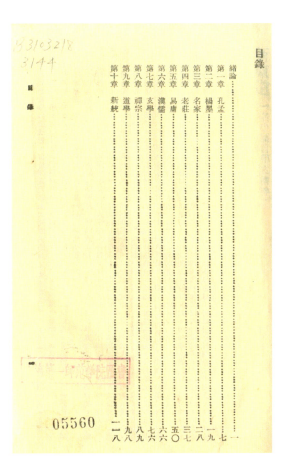

哲学、宗教文献

一

.9.

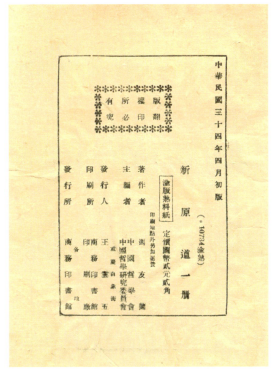

《新原道》，冯友兰著，重庆：商务印书馆，1945 年 4 月初版，《中国哲学丛书》乙集之二

本书又名《中国哲学之精神》，主要评判中国哲学史上各主要时期以及各主要学派的哲学思想，以作者所创立的"新理学"体系为结，阐述了"新理学"在中国哲学史上继往开来的地位。

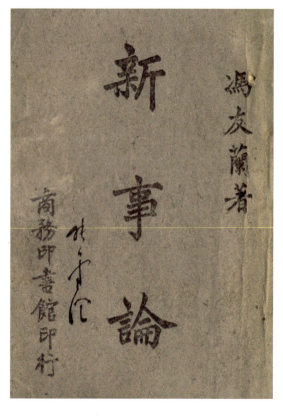

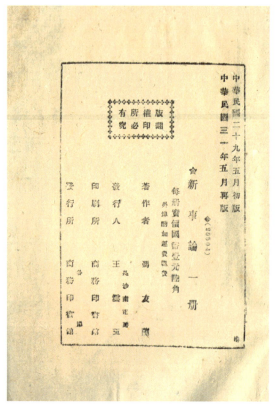

《新事论》，冯友兰著，长沙：商务印书馆，1942年5月再版

本书是冯友兰"贞元六书"之一，又名《中国到自由之路》，主要讨论当时实际问题。

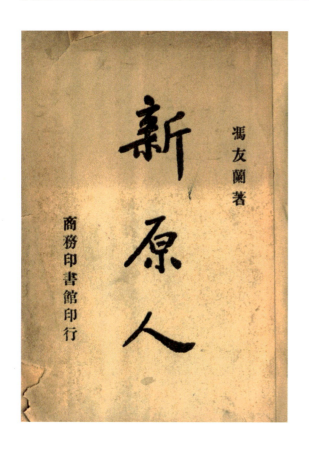

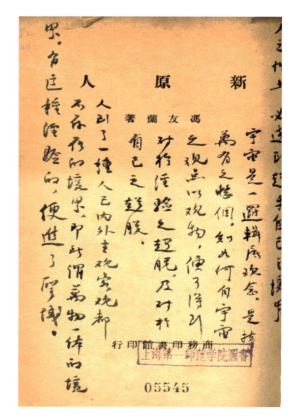

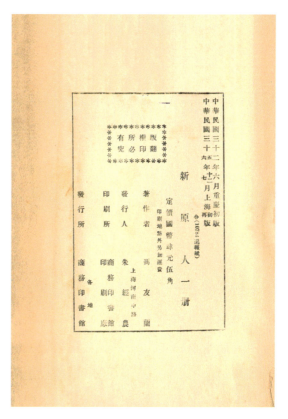

《新原人》，冯友兰著，上海：商务印书馆，1947年7月再版

本书也是冯友兰"贞元六书"之一，其用西方现代逻辑分析的方法，深入地分析和阐发了"觉解"的含义——将人生"自由"的实现，建立在理性的"觉解"基础之上。继承了中国传统哲学天人合一的思维模式，它提出的人生境界说，对人生"自由"的实现、"自由"的认知和"自由"的规范进行了新的诠释。

.12.

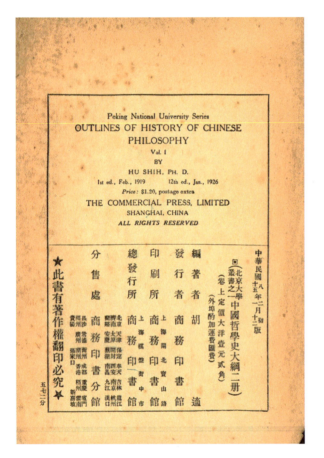

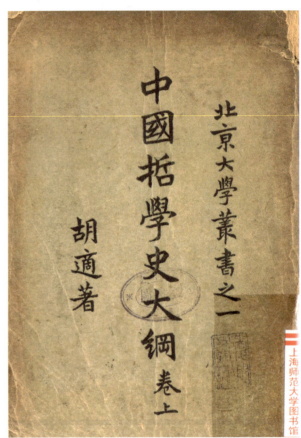

　　《中国哲学史大纲》，胡适编著，上海：商务印书馆，1926 年 1 月第十二版，《北京大学丛书》之一

　　本书胡适写定于 1918 年 9 月，一出版即因其方法和见解的创新而极受关注，多次再版，被誉为用现代学术方法系统研究中国古代哲学史的第一部著作，它的出版被视为中国哲学史学科成立的标志。虽然只出版了上卷，但其成就和特色足以为后世哲学史家开创全新的境界。

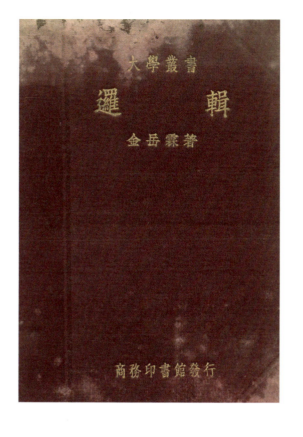

.13.

《逻辑》，金岳霖著，上海：商务印书馆，1937年第二版，《大学丛书》

本书第一次系统地将西方的数理逻辑介绍到中国。其主要对传统逻辑进行了介绍与批评，并介绍了现代西方数理逻辑系统，且就逻辑系统的种种问题进行了深入的探讨。

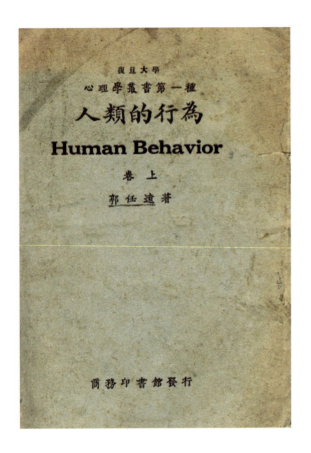

目　　　録　　1

卷上目錄

　　《人类的行为》（二卷），郭任远著，上海：商务印书馆，1923 年出版，《复旦大学心理学丛书》第一种

　　本书系统阐述行为主义观点，是中国学者早期自编的一部行为主义心理学专著，具有一定的国际影响。全书分上、下两卷。上卷总结行为的通性即其普通原理，表达了作者的心理学的基本主张；下卷分类详述人类的行为，并将上卷所讨论原理应用于各种行为问题。

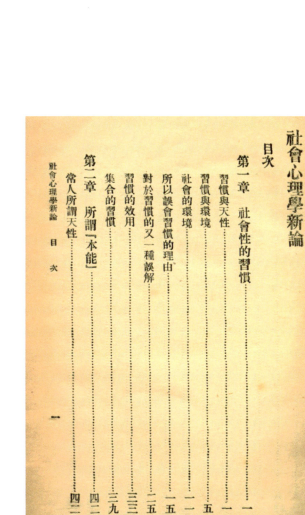

《社会心理学新论》，陆志韦编纂，上海：商务印书馆，1930 年出版
本书是我国第一部社会心理学著作。

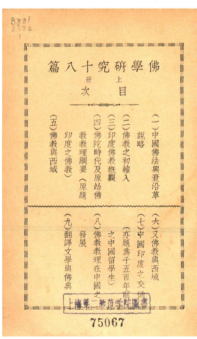

《佛学研究十八篇》（二册），梁启超编，昆明：中华书局，1941 年 4 月第三版

　　本书是梁启超的佛学论著集，集中收录了梁启超各类佛学文章，这些文章基本上是梁启超接受新的研究方法后的学术成果，反映了其研究从传统佛学向现代佛学转变的特点。

二　政治、法律文献

政治和法律作为一门学科，均发端于清末民初。根据《民国时期总书目》的统计，民国时期出版政治类图书 14000 余种，法律类图书 4300 余种。

政治类图书主要为政治理论、比较政治以及国际关系等方面的著述。

作为现代学科之一的中国政治学的发展，在理论方面，是从译介外国著作开始的。据初步统计，1901～1904 年间，中国翻译出版的西方政治学专著达 66 种。其中包括美国伯盖斯《政治学》，德国那特硁《政治学》、赖烈《政治原论》，美国威尔逊《政治泛论》，日本小野冢喜平次《政治学大纲》以及浮田和民《政治学史》等。二十年后，1923 年，张慰慈《政治学大纲》的出版，是政治学原理研究热潮的再次兴起，此热潮一直持续到 40 年代末。1929 至 1932 年间，就出版了约 30 部此类著作，其中比较有代表性的有高一涵《政治学纲要》，邓初民《政治科学大纲》《政治学》（署名田原）、《新政治学大纲》，钱端升《中国政府》，萧公权《中国政治思想史》，浦薛凤《西洋近代政治思潮》等。其中邓初民的《政治科学大纲》是第一本系统论述马克思主义学说的著作；萨孟武的《现代政治思潮》把马克思主义作为一种政治学的流派给予介绍；浦薛凤的《西洋近代政治思潮》至今仍然是研究西方近代政治思想史的必读著作。

在政治思想史研究方面，谢无量《古代政治思想研究》、梁启超《先秦政治思想史》是中国政治思想史专题研究之始。吕振羽《中国政治思想史》是我国第一部运用马克思主义论述中国政治思想的通史著作。

比较政治是民国时期政治学研究极为重要的部分。据《民国时期总书目》的统计，当时出版此类图书 1500 余种。其中，对外国政治的宏观研究著述众多。刘乃诚《比较政治制度》当时曾作为多所高校的教材；潘楚基《各国政治制度》、胡越《比较政治》、萨孟武《各国宪法及其政府》，介绍英、美、法、德、苏、意等国的政治制度；杨幼炯等《各国政治制度》，不仅介绍世界七大强国的政治制度，也概述其他国家的政治制度，这在当时十分难得；王世杰《比较宪法》，至今仍被列为治宪法学和比较政治的必读书目；沈乃正《比较政治制度》、张慰慈《政治制度浅说》，探讨现代国家各种政府的形式。

国别政治的研究方面也有一大批著作出版，主要是对英、法、美、德、苏联等七大强国政府的研究，它们包括钱端升《法国的政府》《德国的政府》、赵蕴琦《美国政府大纲》《法国政府大纲》、丁云孙《英国政府大纲》、张慰慈《英国政府纲要》、胡庆育《苏联政府与政治》等。

《民国时期总书目》收录外交、国际关系类图书 1400 余种。国际关系学科源自西方，民国时期是国际关系学科的初创阶段，译作占有重要地位。当时英国学者齐默恩的《国际联盟与法治》、卡尔的《20 年危机：国际关系研究导论》、贝来的《国际社会的结构》、狄更生的《欧战前十年间国际真相之分析》等著作便在此时被引入中国。

此外，民国时期学者在国际关系学科理论和国际现势研究中都有所成就。周鲠生《国际政治概论》、张琴抚《国际经济政治学原理》、徐敦璋《国际学的研究》是当时出版的主要理论著作；平心《国际问题研究法》、韩幽桐《国际问题研究法》、王芃生《三民主义国际问题研究法》等展现了民国时期学者在方法论研究方面的成就；吴品今《国际联盟及其趋势》、陈泽湉《国际组织概要及其技术问题》、冯节《近百年国际政治史略》、杨幼炯《近时国际问题与中国》、周鲠生《近时国际政治小史》、张仲实《国际现势读本》等，是探讨国际组织、国际事务和国际现势的代表性著作。

发表国际关系类文章的期刊中，《外交月报》《外交评论》《世界知识》《时事类编》《国闻周报》《时事月报》等知名度都较高，其中《世界知识》于 1934 年创刊，以分析国际政治经济问题见长，几经战乱而不息，延续至今，仍然是国内一流的国际关系类杂志。

法律类文献则以出版法理学、民法、刑法、法律史的研究成果为主。

民国时期，一批法科知识分子不断地编辑原创性或引进型法律类图书。沈家本出版《历代刑法考》，创办法学刊物《法学会杂志》，为中国近代法学的诞生开辟了道路。吴经熊《法律哲学研究》是民国时期唯一以法律哲学命名的专著。陈瑾昆的《民法通义债编总论》《民法通义总则》等民法系列专著，是中国近代民法学研究的权威论著；《刑法总则讲义》是中国近代刑法学的奠基之作；《刑事诉讼法通义》开创并完善了中国近代刑事诉讼法学的体系。

被誉为"民国第一法律家"的王宠惠著有《五权宪法》《比较宪法》《比较民法导言》《刑法草案与暂行新刑法之比较》等，为中国近代法理学、宪法学、民法学和刑法学的诞生与成长做出了贡献。胡长清代表作《中国民法总论》《中国民法债篇总论》《中国民法继承论》等，均为民国时期的大学用书。丘汉平撰写《先秦法律思想》《历代刑法志》等著作，对古代法律进行了整理和研究。法制史的著作中，程树德《九朝律考》、陈顾远《中国法制史》《中国国际法溯源》《中国婚姻史》、杨鸿烈《中国法律思想史》、瞿同祖《中国社会与中国法律》等，以西方的相关学科理论和思想方法，对中国古代法制进行梳理，构建中国法制史的学科体系。陈顾远《中国国际法溯源》、洪钧培《春秋国际公法》则是探讨国际法的主要著作。

民国时期创办的法律杂志主要有《法学会杂志》《法政周报》《法政学报》《现代法学》《法学特刊》《法学论丛》《法学杂志》《中华民国法学会会报》《新法学》等。其中最为著名的法学刊物是朝阳大学 1923 年创办的《法律评论》。这些法学刊物介绍世界各国法制新思想，为推动整个社会的法学发展起到了巨大作用。

馆藏文献概况

上海师范大学图书馆馆藏民国时期政治类文献 700 余种，法律类文献 500 余种。其中包括清末民初那特硁、贝来、狄更生等的译著，以及第一本系统论述马克思主义学说的邓民初的《政治科学大纲》等政治理论著作。比较政治和国际关系方面的代表作，如王世杰《比较宪法》、杨幼炯《近时国际问题与中国》，以及民国时期主要法学家胡长清、程树德、陈顾远等的主要著述，我馆均有馆藏。

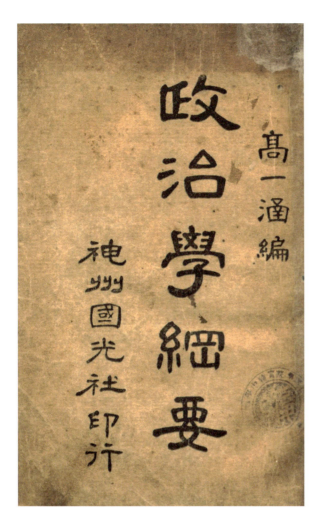

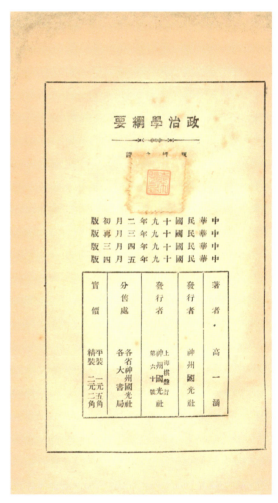

《政治学纲要》，高一涵著，上海：神州国光社，1930年5月第四版

　　本书是20世纪二三十年代出版的比较有代表性的政治学理论著作之一，概述政治学定义、研究范围、研究方法，叙述国家性质、主权，讲述政府职权的分配、议会制度、行政机关、司法机关、监察机关、考试机关等问题。

.22.

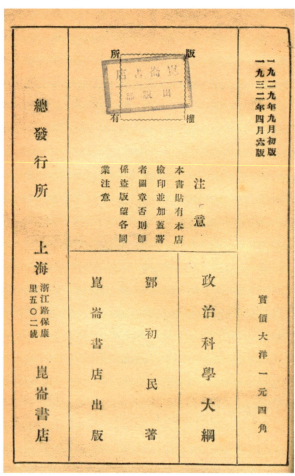

《政治科学大纲》，邓初民著，上海：昆仑书店，1932年4月第六版，版权页有昆仑书店检印

本书系统、综合地论述了政治学各个方面的知识和理论，介绍政治学的性质、体系和研究方法，论述阶级、政党、民族、宪法、国家等的概念和历史发展过程，是第一本系统论述马克思主义学说的著作，其一系列政治学原理，影响了此后众多马克思主义政治学著述。

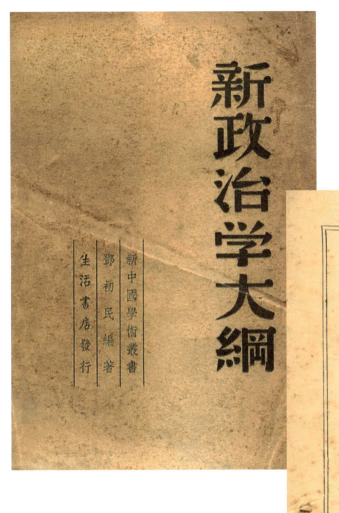

　　《新政治学大纲》，邓初民编著，生活书店，1939年3月初版，《新中国学术丛书》
之五

　　本书介绍政治学的意义、方法以及政治学与其他社会科学的关系，并分别论述阶级、
国家、政府、政党和革命问题。该书在学术研究体系上有独到的特色，是作者最具代表
性的政治学著作。

政治學上卷 國家編 目次

總論

第一節 無形學

第二節 政治學

第一篇 國家之重要質點

第一章 天然之要質

第一節 氣候

第二節 地形

第三節 地質

第四節 人民

第一欵 人民與國家之關係

第二欵 人民天然分類

政治學上卷　目次　　一

光緒二十八年四月初五日印刷

光緒二十八年四月十七日出版

（定價大洋四角）

著者　德國　那特硜

譯者　中國　馮自由

　　　　上海英界大馬路同樂里

印刷所　廣智書局活版部

　　　　上海英界大馬路同樂里

發行所　廣智書局

政治學上卷

《政治学》（三卷），[德]那特硜著，冯自由译，上海：广智书局，1902年（光绪二十八年）4月出版。馆藏上卷、中卷

本书是最早介绍到中国的西方政治学理论著作之一，对国体与政体、国家概念与国家观等概念做了明确的区分，并对各国立宪制度的历史由来、法理与实际及其利弊得失进行了论述，具有历史学派国家学的特征。

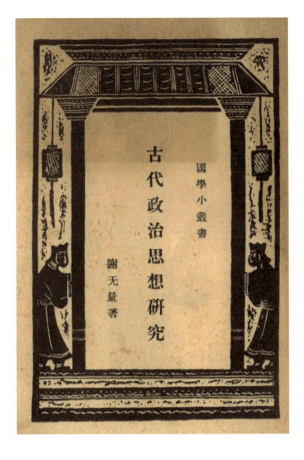

《古代政治思想研究》，谢无量著，上海：商务印书馆，1923 年 6 月初版，《国学小丛书》

　　本书是中国政治思想史研究最早的著作之一，概述中国古代政治思想及其渊源、沿革、学派，分述北派孔子、孟子、荀子，南派道家、法家、纵横家，以及南北折中派的政治思想，创造性地提出南北分区论和区域政治的思想。

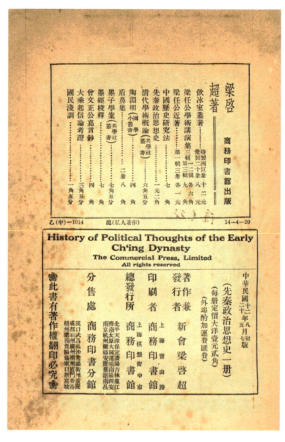

《先秦政治思想史》，梁启超著，上海：商务印书馆，1931 年 5 月第七版

本书亦名《中国圣哲之人生观及其政治哲学》，以中国古代哲学思想为先秦政治思想的背景，是梁启超研究先秦思想史的代表作，亦体现了梁启超晚年的文化观和学术思想。

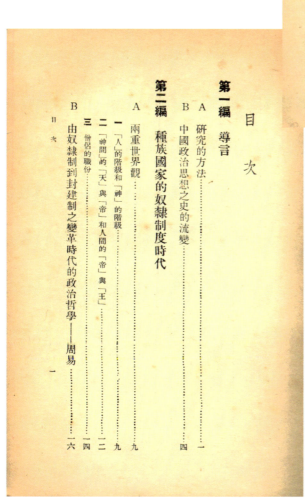

《中国政治思想史》，吕振羽著，上海：黎明书局，1937年6月初版

本书是我国第一部运用马克思主义论述中国政治思想的通史著作，详述中国自奴隶制时代至封建主义崩溃期间的各派政治思想。

大學叢書

比較憲法

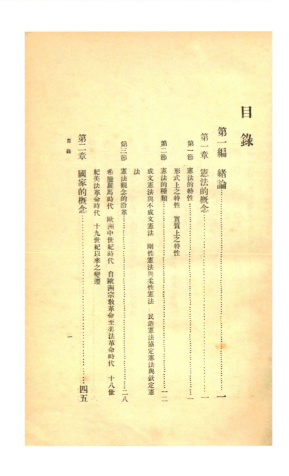

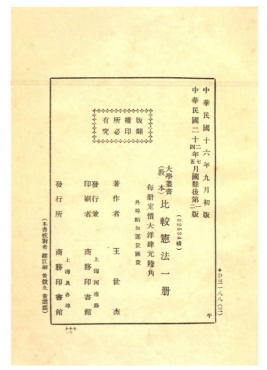

中華民國十六年九月初版

中華民國二十四年五月國難後第二版

（32534續）

大學叢書（教本）比較憲法一冊

每冊定價大洋肆元陸角

外埠酌加運費匯費

著作者　　王世杰

印刷發行者　商務印書館

　　　　　上海河南路

發行所　　商務印書館

　　　　　上海及各埠

（本書校對者　趙巨淵　黃競生　童潤蕃）

版權所有

翻印必究

　　《比较宪法》，王世杰著，上海：商务印书馆，1935 年 5 月国难后第二版，《大学丛书》

　　本书叙述各国宪法诸多不同的规定及学者间不同的观点。民国初期，政治学和法学著作以译著为主，本书是较早的国人自著的治宪法学和比较政治的著作。

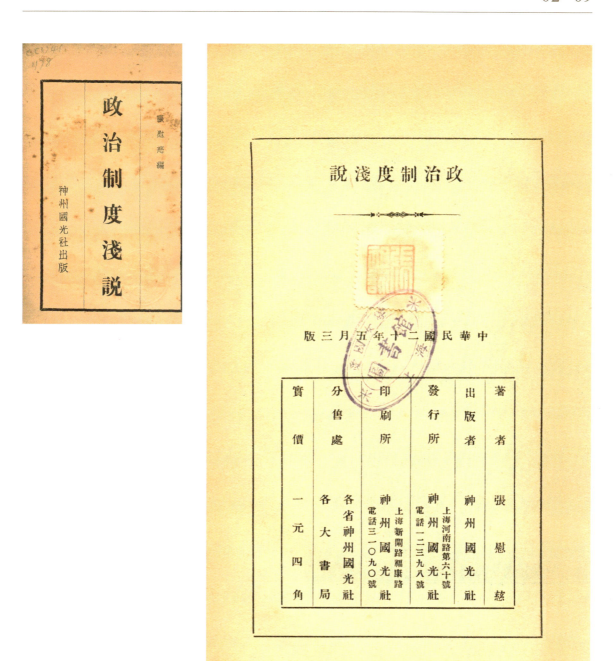

《政治制度浅说》，张慰慈著，上海：神州国光社，1931年5月第三版

张慰慈是中国政治学研究的先驱，本书是著者的主要著述之一，详述政府、选举制度、立法制度、文官考试制度、内阁制、总统制、联邦政府、地方政府等问题，并介绍欧美国家和苏联的政治制度概况。

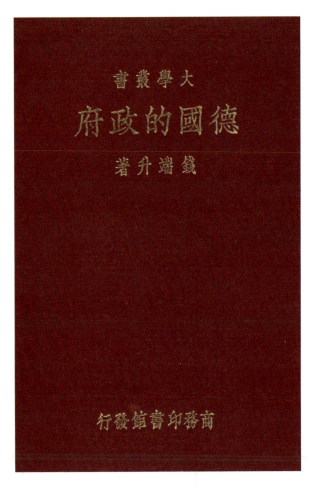

. 30 .

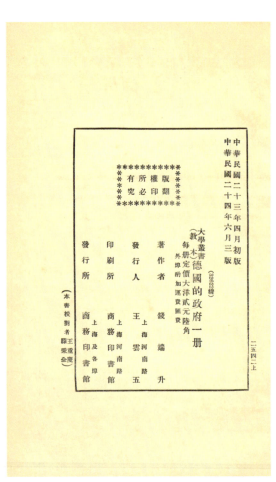

《德国的政府》，钱端升著，上海：商务印书馆，1935 年 6 月第三版，《大学丛书》

钱端升是中国著名的政治学家、法学家。本书是钱先生庞大的研究计划的一部分——"想把英、美、法、德、日、俄的政府合著成一本书"。该书对德国宪政史和德国政治组织的架构与运转进行了深入的阐述，尤其详尽考察了《魏玛宪法》这一德国宪法史上的丰碑。

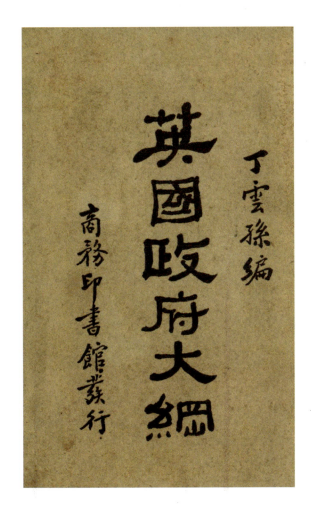

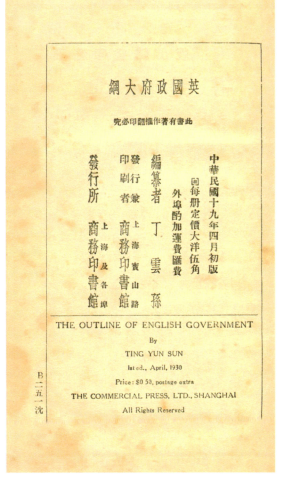

《英国政府大纲》，丁云孙编纂，上海：商务印书馆，1930年4月初版

　　本书是民国时期比较政治研究的主要著作之一，叙述英国政治的起源，介绍英国宪法的类别、性质，英国中央及地方政府的组织机构及政党概况。

.32.

　　《英国政府纲要》，张慰慈编，上海：商务印书馆，1930年11月初版

　　本书是国别政治研究较早的译介著作，主要据奥格《英国政府与政治》节译而成，介绍英国政治制度的沿革、宪法与政府、国王及其职权、司法制度等。

.33.

《国际组织概要及其技术问题》，陈泽湉著，上海：商务印书馆，1947年3月初版

　　本书是民国时期学者探讨国际组织的代表性著作之一，其阐述了国际组织的发展及国际组织中的技术问题、国际条约与国际组织的关系，介绍了维也纳会议、泛美国际组织、海牙保和会议、国际联合会、旧金山会议等的概况。

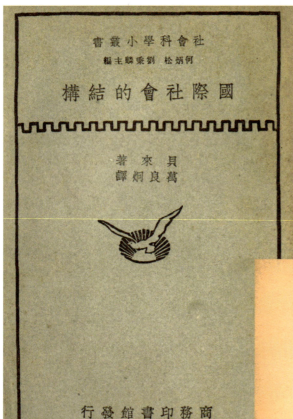

. 34 .

社會科學小學叢書

何炳松 劉秉麟 主編

國際社會的結構

貝來 著
萬良炯 譯

商務印書館發行

《国际社会的结构》，[英]贝来（S.H.Bailey）著，万良炯译，上海：商务印书馆，1935年9月初版，《社会科学小丛书》

　　本书是民国时期国际关系学科初创阶段较早译介到中国的著作，主要阐述国际关系存在及进化的各种因素，国际关系的基础与国际社会的进化，应付和处理国际关系的方法，消弭战争以及国际社会的结构等问题。

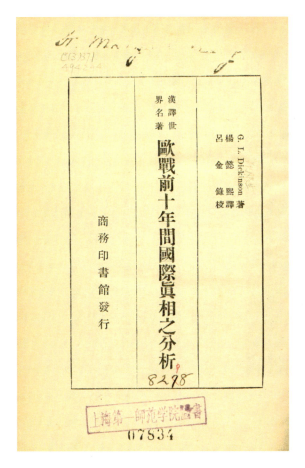

.35.

《欧战前十年间国际真相之分析》，[英]狄更生（G.Lowes Dickinson）著，杨懿熙译述，吕金录校订，上海：商务印书馆，1935年4月初版，《汉译世界名著》

　　本书是较早译介到中国的国际关系著作之一，详述欧战前十年间国际波澜外交及列强弱肉强食的政策。

《近百年国际政治史略》，冯节著，上海：商务印书馆，1933年9月国难后第一版，《百科小丛书》

本书是民国时期探讨国际事务的代表性著作之一，叙述从18世纪末到凡尔赛和会间的国际政治史。

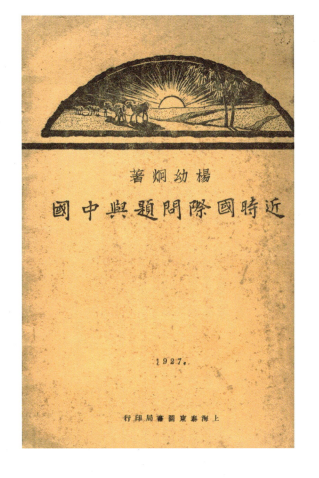

《近时国际问题与中国》，杨幼炯著，上海：泰东图书局，1927年9月出版

本书是民国时期探讨国际事务和中国现势的代表性著作之一，主要论述19世纪以来国际帝国主义的形成，鸦片战争以来列强侵华史，战后东方民族解放运动的勃兴和中国民族解放运动的发展趋势。

《近时国际政治小史》，周鲠生著，上海：商务印书馆，1926年5月第三版，《百科小丛书》第六种

本书著者周鲠生为著名的国际法学家，中华人民共和国第一部宪法起草工作的四位顾问之一。本书是著者在国际法研究方面的主要著作之一，论述1866年普奥战争后国际政局变动的关键，三国同盟与三国协商成立，欧洲政局对远东政局的影响，欧战与巴黎和议等国际问题。